엄마도 엄마가 보고 싶다

양경숙 시집

교음사

양경숙

- 원광대학교 행정대학원 수료
- 인천대학원 부동산학과 수료
- 계간 『시와 창작』 시부문 신인상
- 계간 『문학고을』 심사위원
- 문학과예술인협회 자문위원
- 계간 『시와 창작』 부회장
- 사)가교문학 사무국장
- 시향서울 낭송회 회원
- 시림문학회 회원
- 사)가교문학 회원
- 한국창작문학 우수상 수상
- 시집: 『지지 않는 글꽃』
       『엄마도 엄마가 보고 싶다』

책 머리에

매일 갈증과 싸웠습니다. 목마름은 물이 해결하지만, 영혼의 갈증은 밤낮을 가리지 않고 타올라 많은 밤을 하얗게 떠돌게 하고, 허한 가슴으로 오늘도 길목을 서성이게 합니다.

글 꽃들은 그렇게 사모하게 만들고 애타게 했지만 곱게 엮어내는 재주가 부족함을 고백합니다. 그런데도 부끄럽고 설레는 마음으로 세상이란 큰 바다에 배를 띄웁니다.

66년이란 세월은 많은 것들과 함께입니다. 곱게 여울진 수채화가 된 세월, 이젠 그 고통마저 감사합니다.

쉽게 출렁이지 않고 무거운 세월만큼 가볍게 팔랑이지 않는 마음이 시어를 찾아 헤매는 그 일만큼은 하나의 사물 앞에 팝콘처럼 터지고 봄 꽃잎처럼 가볍게 팔랑이는 감성을 놓치지 않길 두 손 모아봅니다.

두 번째 시집은 행운이 함께 했습니다. 이민호 시인님의 도움으로 창작기금을 받을 수 있었고 오랜 애증의 관계로 서로를 지켜보며 응원하는 하중수, 정비호, 송상윤 세 분의 회장님들의 따뜻한 응원이 있었습니다. 이 자리를 빌려 감사하다는 인사를 드립니다. 서양화가 박수복 화백님의 아낌없는 응원은 감동이었습니다. 『수필문학』 강병욱 발행인님 책으로 엮어 주시느라 고생하셨습니다. 많은 분의 사랑으로 『엄마도 엄마가 보고 싶다』가 탄생했습니다. 감사합니다.

2020년 1월 저자 양경숙

| 엄마도 엄마가 보고 싶다 |

· 양경숙 시집
· 차례

1. J에게

16 ··· J에게·1
19 ··· J에게·2
21 ··· J에게·3
24 ··· J에게·4
26 ··· J에게·5
28 ··· J에게·6
30 ··· J에게·7
32 ··· J에게·8
35 ··· J에게·9
37 ··· J에게·10
41 ··· J에게·11
43 ··· J에게·12
46 ··· J에게·13

2. 당신을 떠나는 나날들

50 … 당신을 떠나는 나날들·1
52 … 당신을 떠나는 나날들·2
54 … 당신을 떠나는 나날들·3
56 … 당신을 떠나는 나날들·4
58 … 당신을 떠나는 나날들·5
60 … 당신을 떠나는 나날들·6
62 … 당신을 떠나는 나날들·7
64 … 당신을 떠나는 나날들·8
66 … 당신을 떠나는 나날들·9
68 … 당신을 떠나는 나날들·10
70 … 당신을 떠나는 나날들·11
72 … 당신을 떠나는 나날들·12
74 … 당신을 떠나는 나날들·13

3. 엄마도 엄마가 보고 싶다

78 … 엄마도 엄마가 보고 싶다·1
80 … 엄마도 엄마가 보고 싶다·2
82 … 엄마도 엄마가 보고 싶다·3
84 … 엄마도 엄마가 보고 싶다·4
86 … 엄마도 엄마가 보고 싶다·5
88 … 엄마도 엄마가 보고 싶다·6
91 … 엄마도 엄마가 보고 싶다·7
94 … 엄마도 엄마가 보고 싶다·8
97 … 엄마도 엄마가 보고 싶다·9

4. 바다와 나

100 ··· 사랑하는 이여
102 ··· 마지막 다리
104 ··· 바다와 나
105 ··· 사유의 시간
107 ··· 내 마음에 기대어 사랑하기로 했다
108 ··· 여정
109 ··· 그 사내가 온다면
110 ··· 나를 부르지 마오
111 ··· 그대는 늙어 보았는가
113 ··· 사노라면
114 ··· 나 이렇게 늙어가고 싶어
117 ··· 기다림
119 ··· 봄날은 간다

5. 가을과 겨울 사이

122 ··· 허름한 찻집에서
124 ··· 슬픔
125 ··· 그대가 없으면 나도 없다
127 ··· 마당에서
129 ··· 가을과 겨울 사이
130 ··· 딸의 손을 잡고
132 ··· 어머님 전상서
135 ··· 기다림
137 ··· 유혹
138 ··· 소망
139 ··· 황혼 사랑
140 ··· 어느 날
141 ··· 이미 당신은
143 ··· 낡은 서랍을 열고
144 ··· 아름다운 눈물은

1

J에게

J에게·1

약속을 핑계로

익을 대로 익은 농익은 여름날입니다
연일 폭염 주의보가 발령되고
더위에 지친 나무들은
잎을 축 늘어뜨리고 갈증을 호소합니다
J
집 안에 있는 게 싫어
약속을 핑계로 호수가 있는
창 넓은 찻집에 앉았습니다
자연을 불러들인 앞산은
짙은 녹색과 작은 분수까지 더해
눈을 시원하게 하는 역할을 하고 있군요
시골 풍경과 어울리는 이 찻집을
며칠 전 당신과 지인이 온 곳이지요
오늘도 그 자리에 앉아 기다리고 있습니다
당신은 없고 내가 자주 이용하는
찻집이 되었습니다
빈자리 없이 둘러앉아 소담을
나누고 있는 모습들이 평화로워 보입니다

J

실내장식도 그림과 악기, 사진 등을
소품으로 이용한 단정하고 기품 있어 보이고
잔잔하게 흐르는 음악은
귀에 익숙한 재즈나 클래식으로
한층 품격을 높이고 있습니다
차를 내려주는 고운 여인에게
자꾸만 눈길이 머뭅니다
찻집과 여인이 잘 어울린다는
생각에 머물면서 혼자 싱긋이 웃어봅니다
아름답고 예쁜 건 여자나 남자나
모두 같이 느끼는 건가 봅니다

J

약속 시각보다 늦은 지인이
오히려 고맙습니다
풍경과 음악 그리고 눈이 즐겁고
귀가 즐거우니 어이 늦은 약속 탓을 하리오
괜히 마음이 서글퍼지거나
이유 없이 슬퍼질 때
커피 한 잔을 놓고

시집 한 권쯤 읽고 가도 좋을 것 같은
기억에 남는 곳 중 하나로
보물을 숨기듯 여기 이 자리
찻집을 가슴에 담아 둬야겠어요
오랜만에 시시콜콜한 일상을 올립니다
아마 지쳐가는 마음을 다잡기 위해
애쓴 흔적이 꽃진 자리처럼
무엇이 남길 바라본다면 괜찮은가요

J에게 · 2

차 속에서

겨울 등산복에다 아직
입지 않던 속옷까지 껴입고도
시리고 추운 건 날씨 탓일까요
흔들리는 고속버스 창밖은
속살 보인 골짜기와 다 내준 들판이
햇살에 속을 말리고 있습니다
음지보단 양지에 자꾸만 눈길이 머뭅니다
인연과 용서 그리고 이해를 부여잡고
묵언 수행을 합니다
세상에 태어난 그 순간부터 인연의 굴레에
싸여 관계를 맺고 삽니다
관계를 잘 유지하기 위해 노력하지만
그런데도 인연은 왔다 또 가고
이해를 해야 하는 순간을 맞고
또는 용서를 배우고
J
나는 말에요
사랑보다 더 어려운 게 용서였어요

도저히 이해 안 되는 사람을
이해하게 되기까지 시간이 필요했고
아마 나도 누군가에겐
그렇게 힘들게 하는 존재인지도 모릅니다
앞모습보다 뒷모습이 아름다운 사람으로
기억되고 싶고 그 사람이 빛날 수 있도록
뒤에 깔리는 노을이 되고자 했지만
그건 노력뿐이었는지도 모르겠습니다
어느덧 버스는 차도 많아지고 건물도 많아지는
도회지 속으로 밀려오고 있습니다
또 어떻게든 부대끼며 살겠지요
J
애쓰는 것으로 어여삐 여기는 날이 되고
고단한 삶을 누일 때
단꿈이 기다리고
그리워하고 숨 쉬는 것으로
행복한 날 되길 바라며
안녕을 고합니다

J에게 · 3

잠 못 드는 밤

모두가 잠든 시간입니다
큰 창문을 가진 방과 고층인 덕분에
스카이라운지에 앉아있듯
바깥 풍경이 그림처럼 걸려 있습니다
밀물 썰물 오가는 바다와 인천대교
송도의 꺼질 줄 모르는 야화
낮엔 구름 밤에는 별
너무 아름다운 풍경을 즐기는 맛으로
좀 추운 것은 견딜 만합니다
J
차 한잔을 데리고
푸시시 한 모습 퀭한 눈으로
생각에 생각을 더해봅니다
산다는 게 살아낸다는 게
어느 한순간도 쉬웠던 적이 없었습니다
J
행복이란 무엇일까요?
나는 만족이라 생각합니다

작은 것에 만족하면 행복은 따라왔습니다
탓을 하게 되면 늘 마음은 지옥에서 떠날 줄
모르는 붙박이가 되곤 했습니다
J
요즘 나의 화두는 인연입니다
사랑의 굴레를 감고
오고 가는 인연들
너무 많은 상처와 고통을 알기에
짐짓 외면하고 고요히 지내려 해도
숨 쉬고 있는 한 이어져 갈
피할 수 없는 인연인 것 같습니다
새롭게 시작한다는 건
또 누군가를 알아간다는 것
기쁨과 설렘 출렁이는 희열도 있겠지만
두려움도 함께입니다
젊음은 생각이 멈추면 곧바로 행동으로 옮기지만
주춤거리거나 느릿한 걸음인 걸 보면
아마도 청춘은 그리움이 되었음을
스스로 낙인을 찍나 봅니다
J
머리에 흰서리가 앉고 보니

사랑에 대한 생각도 바뀌고 있습니다
목숨보다 귀하고 나보다 더 소중한
붉고 빛나는 티 없는 보석인 줄 알았지만
요즘엔 가볍게 생각하게 되었습니다
그저 함께 웃는 것
그저 함께 밥 먹는 것
그저 함께 울어주는 것
그저 함께 걸어가는 것
그저 함께 소소함을 즐기는 것
그저 함께 차 한잔 나누는 것
그저 함께 술 한잔 기우는 것
그저 함께 눈뜨고 눈 감는 일상을 바라보는 것
이것이 나의 사랑이 되었습니다
좀 심심하고 끌림 없는 사랑인지도 모르겠습니다
지금처럼 함께하는 고요함이
한 사람씩 떠 올려볼 수 있는
나만의 시간이 좋습니다
이제 잠을 청해볼까 합니다

창문에 기대 그대 안부를 부치며

J에게 · 4

다시 일상으로

세상도 어지럽고
스산한 날씨와 짓누르는 계절이
기분마저 우울하게 한다고 하면
엄살 같은지요
커피 한 잔이 부족하여
한 잔을 더 했습니다
Dode Boy 흘러나옵니다
온 방을 휘젓는 노래가
가을과 잘 어울린다는 느낌입니다
기분을 전환하기 위해
궁여지책으로 음악을 끌어안고
마음을 관조하고 있습니다
J
사랑은 온전한 대상에게만
가능한 것일까요?
때론 실망스럽고
때론 야속하고
완벽하지 않아도

사랑은 멈추어지는 게 아니잖아요
그런데 말이에요
차에 브레이크가 있듯이
사랑에도 브레이크가 있으면 좋겠다는
생각이 듭니다
승용차 운전은 제법 잘하는 편이니
아마 사랑도 브레이크가 있으면 완급조절을
잘 할 수 있지 않을까 싶습니다
적당히 거리를 두고
때론 느릿하게 주변 풍경도 보고
속도 조절을 하며
여유를 즐기는
참 좋은 생각이지요?
이제 저녁 준비를 해야겠어요
가족이란
사랑을 멈출 수가 없으니까요

「미워도 다시 한 번」
영화 제목처럼

J에게 · 5

시월의 마지막 밤

세상이 스산하고
정의와 공의가 깨어진
안타까운 오늘을 보며
그냥 웃습니다
할 말이 너무 많아서
할 말이 없어서
그저 웃을 수밖에 없습니다
J
계절은 오색단풍으로
화려한 옷을 갈아입었는데
자연을 배우고 따라가지 못하는 인간은
욕심에 욕심을 더해
추락의 끝으로 처박힙니다
슬픈 현실에
나를 오래 묶어놓지 않기 위해
음악을 듣고 책을 읽고
마음을 풀어헤쳐
종일 방 안에서 뒹굴뒹굴했습니다
J

시월의 마지막 밤
작은 케이크에 촛불 두 개를 켜고
사족처럼 의미를 달았습니다
"널 잊지 않았다고…"
그냥 흘려보내기엔
가슴이 허락 안 하고
발이 동동거렸습니다
몸이 시키는 데로 움직인
시월의 마지막 밤입니다
J
오늘 밤은 당신에게
자박자박 걸어가
이유 없는 투정이라도 부리고 싶고
헤픈 웃음이라도 널판지게
휘날리고 싶은 밤입니다
굳이 이유를 묻지 마세요
이유 없는 이유가 있을 때도 있으니까요
오늘을 덮고
당신도 나도
머리에서 발끝까지 내려오는
휘장을 치고 다시 밝아오는 세상의
무대를 우리 걸음으로 걸어 봅시다

J에게 · 6

비와 찻집

가을비는 반갑지 않다는데
가뭄 탓인지 잔잔히 내려주는
비가 싫지 않습니다
비 오는 날은 왠지 생각나는 것이 많아집니다
턱을 괴고 오가는 사람들과 차량을 무심히 보다
걷고 싶어 동네 한 바퀴를 돌았습니다
젖은 낙엽이 땅 위로 사뿐히 내려앉습니다
비와 비 사이로 보고 싶은 얼굴
그리움이 비집고 가슴을 적십니다
지척에 두고도 시도 때도 없이
보고 싶고 그리운 건 무슨 연유랍니까
주책없다 핀잔을 들어도
어쩌지 못하는 마음길인 것을 어쩌겠습니까
묵직이 내려앉은 커피 향이 발길을 멈추게 합니다
J
창 옆에 자리를 잡고 에스프레소를 주문하고
빗줄기와 우산들의 속삭임을 보며
추억 하나를 더듬을 즈음 커피가 나왔습니다

비와 찻집
I.O.U가 흐르고 있습니다
오늘따라 더 멋지게 들립니다
음악과 커피 한 잔 그리고 나와 나
한참을 그렇게 보내다
찻집 문을 나섰습니다
요즘 몸이 투정을 부립니다
이제 상전을 모시고 살아야 할 때가 되었나 봅니다
60여 년 상전 노릇을 했으니
원도 없습니다
그저 미안할 뿐이지요
좀 더 일찍 상전으로 모실 것을 말입니다
어르고 달래며 남은 길 함께 가봐야지요
오늘 저녁은 얼큰한 꽃게탕으로
준비하여 칼칼한 내 사랑을
듬뿍 담아내야겠습니다
예쁜 찻잔에 꽃잎 하나 띄워
그의 눈과 마음을 일렁이게 하고 싶습니다

J에게 · 7

별이 쏟아지는 날

한 여름밤 하늘엔
별이 쏟아지고 있습니다
집 마당 멍석 위 엄니 다리를 베고
올려다본 그때도 수많은
별들의 아름다움에 취하고
긴 선을 그으며 사라지는
유성을 따라 소원을 빌기도 했습니다
모기를 쫓기 위해 피운
그 메케한 모깃불 연기와
부채를 부쳐주던 어머니가 들려주던
호랑이 담배 피우던 얘기가
오늘 밤 한없는 그리움으로
별빛에 흔들립니다
J
모닥불보다 더 따뜻한 당신과 함께
빛나는 별을 세는 시간이 올까요
그리움은 그리움을 낳고
옹이 박힌 가슴엔 비가 내립니다

사랑해보다 더 진한 다른 말
당신이 보고 싶습니다
별 하나 너 하나
별 둘 그리움 둘
별 셋 사랑 셋
별 넷
별을 세다 잠 못 드는 밤
당신에게 가는 마음 길 위에도
별이 쏟아지면 좋겠습니다

J에게 · 8

유월을 열며

나뭇잎 위 내려앉은 햇빛이
눈부신 유월입니다
속눈썹에 매달린 햇살은
다이아몬드 빛으로 유혹하고
구름은 그리움을 그리고 있습니다
평생을 부자로 살다 갈 터인데도
때론 갈급함으로 시간을 죽입니다
태어날 때보다는 어떤 날 앞에서도
부자일 것이고 더 가난할 이유가 없는
진실입니다
당신을 목숨보다 더 사랑하고
천리만리 길 함께 걸어도 종당에는
결국 이별 앞에 서 있을 겁니다
인간이 어찌하지 못하는 경계를 보면
그리 슬플 일도 없습니다
J
누군가가 그랬습니다
희망은 숨 쉬는 인간의 의무라고

인간의 의무 중 절대로 지켜야 하는 한 가지는
희망을 내려놓지 말라는 건데
가끔 실종되는 희망을 어찌해야 합니까
삶이 자꾸 보채고
나무 뒤 숨고 싶고
존재를 놓아 버리는 시간 앞에서도
이 미친 그리움은 무엇입니까
J
우린 모두 조금씩 아픈 사람들입니다
자신의 아픔을 관조하고
서로 다름을 인정하고
애잔히 바라보는 눈길로
얼어붙은 상념을 녹여내고
마음을 덮여 사랑으로 자라 주길
기도하는 날입니다
J
술이 고픈 날입니다
이런저런 얘기를 들어 줄
친구가 필요한지도 모르겠습니다
아닙니다

붉은 동백꽃보다 더 진한
사랑이 그리운지도 모르겠습니다
유월은
선홍빛보다 더 붉고
석류알보다 더 상큼한 날들이길 기도합니다
주절대는 이야기를 들어주고
시도 때도 없이 귀찮게 하는
비루한 나를 애잔히 바라보는
당신을 사랑합니다

J에게 · 9

봄날

햇빛이 참 좋은 봄날입니다
보름 만에 자리를 털고 일어났습니다
겨울 다 지나 독감을 만나
꼼짝없이 보름을 넘겼습니다
오랜만에 뒷마당에 나갔더니
목련꽃이 활짝 피었다가
후드득 몇 송이는 낙화하고 있군요
덧없는 세월의 무상함을 봅니다
벌써 봄은 가고 있으니 말입니다
우리에게도 참 고운 날이 있었는데
지는 목련처럼 바람결에 흔들리는
추풍낙엽 같은 시절에 와 있군요
J
그래도 오늘은 바람에 온몸을 맡기고
목련꽃 나무 밑을 거닐고
옆집 울타리 너머
노란 저고리 같은 개나리와
붉은 치마 같은 진달래도 훔쳐보고

당신을 불러놓고 이런저런 얘기를
하고 있다는 게 살맛나는 시간입니다
J
되돌아보니 겁 없이 한세상 살았습니다
사람 무서운 줄 몰랐고
무식해서 용감했는지
세상을 향해서 불꽃처럼 피었지요
당신이 그리워지고
지난날이 그리움이 되는 걸 보면
청춘은 지나가고
추억을 먹고 사는 세월쯤 왔나 봅니다
오래 견디므로 강함이 되고
오래 살아감으로 숙성되는
그런 삶이 되도록 살아봅시다

J에게 · 10

그대 사랑은 무탈한가요

연일 잿빛 하늘입니다
시원한 빗줄기가 쏟아지길
바라는 마음을 알기나 할까요
푸석거리는 내 마음에도
그리움이 촉촉이 내려
부드러워졌으면 좋겠습니다
누군가에겐 행복한 일이
누군가에겐 불편한 일이 되는 것을 보면
행복과 불행 또한
양날의 칼날 같은 것인가 봅니다
참 신기하게도 누가 봐도
불행한 삶을 살면서도
한 번도 불행하다고 느끼지 않는
연유는 무엇일까요?
아마도 긍정의 힘인 것 같아요
"이 시기만 지나면 될 거야"
"나보다 더 못한 사람도 있잖아"
"그래도 난 건강하잖아"

큰일을 당했음에도
더 큰 일이 아님에 감사하듯
가진 것이 무일푼인데도
건강하다는 유일함으로 행복을 느끼는
사랑도 그런 것 같아요
비워 내야만 사랑이 담기는 걸 보면
J
누군가를 사랑하면
사랑한다는 그 이유로
간섭하게 되고
눈높이를 맞추려 하고
그의 삶을 재단하려 들고
그의 행동을 마름질하려 하고
그의 인격마저 크레인하려 드는
숨 막히는 사랑 앞에선
도망가고 싶어 하고
결국 질식하게 되지요
사랑이 사람을 황폐화하는
참 아이러니하죠
그럼 자유를 주고

간섭하지 않고 믿어주고
약간은 버려두면 아무 일 없이
사랑은 무탈할까요
J
참 웃기는 게 말입니다
뜨거우면 차가운 것을
차가우면 뜨거운 것이 그리워진단 말이죠
너무 간섭하면 질식할 것 같고
너무 내버려 두면 잡풀이 자라고
사랑도 적당히
그 적당한 것이 참 어렵단 말입니다
사랑은
그 어려운 적당한 것이 필요한 것 같습니다
최선의 사랑
최고의 사랑
사랑은 일방통행이 아닙니다
사랑은 색이 있습니다
한 가지 색보다
세월이 더해져
무지개가 된 사랑이

존경스럽습니다
당신의 사랑은 무탈한지요
멀리서 바라볼 수밖에 없지만
당신이 미울 정도로
행복하길 바랍니다
부디 새로 시작한
당신의 사랑이 무탈하길 바랍니다

J에게 · 11

쥐똥나무 향기로

나는
라일락 향을 좋아합니다
봄이 그리워지는 이유 중 하나는
라일락 향에 취하고 싶은 것도 있습니다
친구 따라 낯선 교회에 갔는데
제철 만난 덩굴장미는 담장을 타고
화려하고 붉게 유혹하고 있었지만
분명 장미 향이 아닌 라일락 향기가
코끝을 간지럽히는 거예요
교회에 왔더니 천국 향이 나는 줄 알았습니다
둘러보니 높은 담장 위로
작은 꽃들이 품어내는 향이었습니다
몇 사람을 붙들고 알아본 결과
쥐똥나무라고 하더군요
쥐똥에서 저런 향이 나는 건 아니겠죠
나무 이름과 꽃 향은
전혀 어울리지 않았습니다
J

사람도 그런 것 같습니다
얼굴하고 전혀 다른 향이 나는 사람
꽃향기야 화무십일홍이지만
인향이야 천리만리 날아가잖아요
나에게도 향이 날 수 있다면
아무도 눈여겨보지 않는 쥐똥나무에서
품어내는 고혹한 향기처럼
그런 향이 났으면 좋겠습니다
J
이 시각
새벽이 좋은 이유는 많겠지만
어둠과 밝음의 경계에서
시계 초침 소리만 들리는 고요함이 좋고
아무도 방해하지 않아서 좋고
서서히 밝아오는 신선함이 좋습니다
오늘도 기대되고 설렙니다
쥐똥나무 향을 배달해야겠습니다
그래서 모두 향기롭고 행복했음 좋겠습니다

J에게 · 12

남겨 놓은 것

소한은 지나고
대한 속으로 가고 있는 주말입니다
책 몇 권을 품어와선
내팽개치고 있다가
나의 작은 움막에서
오늘은 종일 독서 삼매경에 노닙니다
책을 읽다 보면
집중이 되고
다른 생각이 끼어들지 못합니다
생각이 복잡하거나
시간이 넘치게 많아 흘러내리려 할 때
책을 보고 있노라면
시간도 멈추고
생각도 멈추게 됩니다
어차피 인생은
도전의 연속이잖아요
출렁이는 감정 때문에
때론 희열로

때론 좌절로
은밀한 내면을 들여다보고
살아있음을 느끼며 살아내는
하루가 아닐는지요
J
하루를 쪼개 책을 접고
집 앞 공원 길을 걷습니다
한그루 감나무는 잎을 모두
벗어 버리고 서 있습니다
그림자처럼 가볍게 숨 쉬고 있습니다
엄니가 과수원에
겨울새가 먹을 것들을
몇 개씩 따지 않고 그냥 두면
지금처럼 눈 온 겨울날
사과나무 밑을 거닐면
향기로운 사과 향이 났습니다
낙동강 변을 거닐거나
과수원 길을 더듬어
사과 향기를 마시면 배가 불렀지요
그날이 그립습니다

남겨진 감이 왠지
누군가 남겨 놓은 정같아
마음이 행복합니다
거두어들이지 않고
남겨 놓은 것에 그리움이 있고
향기 마시는 게 죄가 되지 않는다면
마음껏 정을 마시다 가렵니다

J에게 · 13

어느 여름날 오후에

흐르는 땀을 주체하기 어려워
커피숍 구석진 자리 하나를 자치하고
냉커피를 단숨에 마십니다
그래도 식지 않은 가슴은 좀 시간이
필요한 듯 합니다
J
어느 계절이고 의미 없진 않지만
모기만 없다면 짙은 녹색을
원없이 볼 수 있는 여름도 참 좋습니다
소낙비 쏟아지는 날 그 우렁참이 좋아
흠딱 젖어가며 서 있기도 했습니다
초복이 지났으니 여름도 끝이
그리 멀지 않았겠지요
빨간 잠자리가 짝을 찾고
매미는 목청껏 창가를 부릅니다
J
커피숍 창으로 보이는 풍경이
평화롭고 한가해 보이고

이 미친 그리움은 또 고개를 듭니다
뭉실뭉실 피어나는 하얀 얼굴들
보고 싶은 마음은 바람에 부치고
어디서나 건강하자고
안부를 속달로 보내며
찻집 문을 나섭니다

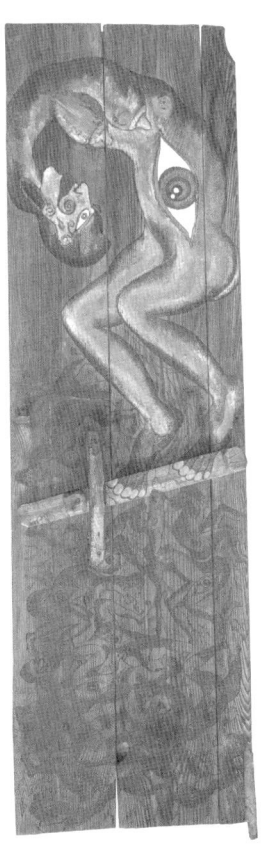

2

당신을 떠나는 나날들

당신을 떠나는 나날들·1

길을 걷는다
안개에 젖은 거리는
술 취한 사내의 빈소리가
골목을 잡는다
제법 깔끔한 일식집 한 귀퉁이에
자리 잡고 세트 초밥을 시켜
허기진 배를 채운다

바람이 지나간 배 속에 소주를 붓고
감기약을 타서 또 붓는다
내가 술을 청했고
술이 나를 삼켰다
옆 테이블 사내 둘은
거나한 목소리가 점점 고조되고
그들의 전쟁에 여념이 없다

사내들은 밤이 살아가는 낙인지도
모르겠다
다리 하나 세우기 위해
해구신을 찾고 곰 발바닥을 먹고

꽃뱀을 쫒는다
낮과 밤이 다른 두 얼굴을 가진
여자는 천연덕스럽게 밥을 짓고
두 기둥 사이에서 그네를 탄다
이미 사랑은 죽고
맞들인 세월은 낚싯줄에 걸렸다
세상의 한 얼굴은 핏빛이다
누가 누구를 탓하리

식당을 나선다
구토는 오물이 아니다
움켜쥔 바람을 토해내고
비우기 위한 절차일 뿐
밤은 깊어간다
휘청거리는 가로등을 붙들고
너만은 바로 서 있으라며
기도를 올리는데
멀리서 개 짖는 소리가 들린다
돌아선 하늘엔
무심한 만월이 내려다보고 있다
"너 드디어 미쳐가고 있구나!"

당신을 떠나는 나날들·2

가로수 나무 끄트머리가 물들기 시작하여
바람 불면 우수수 떨어지는
늦가을이 되고서야 방문을 나서본다
철저하게 홀로 처박아 두고
가혹하게 가두었던 시간

"넌 누구냐"
"왜 살지!"
때론 화두로 삼고
때론 배를 움켜쥐고 방바닥을
박박 기어다니며 똥물까지
퍼 올리는 의식을 하고 나면
세상이 신비스러웠다
구름은 평화롭고 꽃은 어여뻤다
바람은 소식을 달고 오고
내 귀는 팔랑개비가 된다
잘살고 있다는 소식이
기쁘고 좋다고 머리가 말하고
가슴은 싸한 아픔이 일렁이는 건
머리에서 가슴까지 참 먼 길이구나

바다에 갔다
말없이 바라보고 있다
똥물이든 정화수든
가리지 않고 받아낸
바다는 지금 깊은 묵언 중이다
바다가 묻는다
"왜 사랑했니"
멍하게 있다 돌아서며
"그 사람이라서"

당신을 떠나는 나날들·3

굽이 흐르는 강가에서
잔잔한 물결 위로 작은 돛배를 띄운다
기우는 해와 빛나는 물결 위로
생선 비늘처럼 반짝이는 안무가 신비롭고
저만큼 소년들의 물수제비
풍당거리는 소리와 웃음이 낭자하다
작은 파문은 이내 덮이고
갈대의 울음소리는
떼 지은 철새의 비상에 묻혔다

그래 언제나 그랬지
작은 아픔은 더 큰 아픔에 잊히고
작은 울림은 더 큰 울림 앞에 사라졌지
사랑 또한 그러리라
다 주어 버리고 웃을 수 있다면
이별 또한 그러리라
세월 붙들고 웃을 수 있다면
별 것 아닌 것에
별것처럼 호들갑을 떠는 것이리라

감정도 늙고 무디어 가는 것이라면
아프다는 건
아직은 젊은 탓이겠지
모래로 손 무덤을 만들어
주문을 들이고 입구를 봉한다
누가 뭐래도
난 살아있기에 파닥이는
감정노동을 계속할 것이다

강물이 묻는다
"넌 어디서 와 어디로 가니"
"그걸 알면 왔겠니 쪼다야"

당신을 떠나는 나날들·4

산은 허락한 사람에게만
속살을 보인다
가을 끝자락을 붙들고
한 줌 바람에도 우수수 떨어지는
낙엽 비를 맞으며
새벽이슬에 발목이 젖어오는
길을 푹푹 걸어간다
아무도 기다리지 않는 길

내 다리의 힘이 다하고
숨이 턱밑에 차오를 때 만난
아비의 굳은 발뒤꿈치 같은
소나무 껍질에 등을 기대니
수액이 흐르는 소리가 들리고
내 가슴으로 흐르는 물소리가 들린다
맑은 공기가 숨통을 넓히고
산새의 소프라노 노랫가락이
정적을 깨고 돈다
살아 움직이는 것들의 지상낙원

멀리서 범종 소리가 들린다
가고 오는 것에 막힘 없는 바람처럼
일었다 사라지는 마음처럼
만진 것도 아니요
본 것도 아닌 쓰레기를 움켜쥐고 와
해우소에 쏟아내듯 비운다

산이 묻는다
"무엇을 가져가니"
"무거운 건 두고 가고 가벼운 건 가져간다"

당신을 떠나는 나날들·5

찬 서리 맞은 무잎은
축 늘어졌고 늦게까지
향기를 피우든 소국은
고개를 꺾었다
화무십일홍이라 했든가
아무리 아름다운 꽃도
열흘 넘기기 어렵고
맛 좋은 것도 연속
세 번이면 질린다는데
아직 열흘이 지나지 않았나
아직 세 번이 지나지 않았나

무서리에 젖은 마음
너를 데리고 떠나야겠다
돌아올 리 없는
긴 기다림은 그대로 두고
빛바래지지 않는
그리움도 그대로 두고
오늘만 오늘만 살자
슬프면 슬픈 대로

아프면 아픈 대로
기쁘면 기쁜 대로
그렇게 오늘만 살자

억지로 보내려 말고
억지로 붙잡지 말고
그렇게 오늘만 살자

꽃이 묻는다
"나 사랑하지"
"우리가 사랑은 한 걸까?"

당신을 떠나는 나날들·6

늦가을 빈 들녘에 섰다
황량한 들판은 바다가 되고
바람은 파도가 되어
성난 바람몰이를 하고 있다
사정없이 휘날리는 머플러와
옷자락을 연신 여미며
바람 따라 흔들린다
품고 키워왔던 모든 걸
내어주고 텅 빈 들판에
허수아비 하나 덩그러니 서 있다

당신을 사랑하며 다 좋은
기억 많은 아니지만
그 기억마저 그리움 되었고
당신을 보내고 죽을 것 같은
생채기 또한 한 줄의 색이 되어
내 삶은 이렇게 완성된 그림으로
가고 있다

캔버스에 늦가을과 겨울 사이의

텅 빈 비움을 그리고 싶다
나는 꽉 찬 들녘보다 이때가 좋다
어머니 같은 대지의 숨결 앞에서
이때쯤은 안길 빈자리가 나에게도
있을 것 같아 좋다

갈대의 울음소리도 좋고
내 뺨을 치는 바람도 좋다
낮은 언덕에 앉아
구름을 그리고 허수아비를 그린다

내 삶이 다하는 날
당신에게 보낼 마음 한 조각
보석이 되어 빛날 것이다

허수아비가 묻는다
"보이는 건 무엇이고
보이지 않는 것은 무엇일까?"
"보이는 건 너이고
보이지 않는 건 네 마음이지"

당신을 떠나는 나날들·7

물이 얼었다
쌩한 바람끝은 날 선 마음과
부딪치며 파장을 부른다
어차피 홀로 가야 하는 길
잠시 당신으로 잊어버린 외로움
말라버린 눈물이었다
식어버린 가슴 갈라진 입술
메스타포는 이미 고지하고 있었다

나는 보고 싶고 듣고 싶은 것만
기억하려고 했을 뿐이었다
한쪽 뇌만 살아 있음일까
조금씩 꺼져가는 생명 앞에
아름답게 떠나고 싶은 작은 욕망 하나

모든 걸 두고 가야 하는
못내 떨리는 가슴 한 켠에
추억창고 하나 만들고
젖은 마음 봄 햇살에 말리고
보내야 하는 슬픔은

가을 햇살과 동행시켜

향기로웠다고
고마웠다고
감사하다고
뒤돌아보지 않는 가벼움으로
하늘거리며 날아야지
당신을 떠나는 날들이
고통이었지만 이제 그 힘든 여정
보내고 여백의 빈 둥지에
벤치 하나 두련다

벤치가 묻는다
"왜 아프니?"
"아픈 게 인생이겠지"

당신을 떠나는 나날들·8

달빛 흩날리는 거리를
비틀거리며 걷는다
유난히 달을 좋아하는 나는
창문을 기웃거리는 달님과
차도 마시고 술도 마신다
그 분위기에 취해
기타 연주에 맞춰 노래하면
강아지들도 합창을 한다

조용한 시골
한적한 길
가로등마저 졸고 있고
하나씩 불빛이 꺼져가는 집들은
무덤처럼 밤이 내려앉았다
산 위에 만월이 뜨면
침묵을 깨고 길을 내준다
호젓한 산 그림자 호수에 잠겨
보름마다 치르는 정사를 하고
쏟아낸 오르가슴의 찰나는
호수를 황금빛으로 물들인다

홀로서기 위해
치러야 할 것과 버려야 할 것 중
모든 걸 버리고 한 가지를
취할 수 있다면 그대 한 사람뿐인데
인연이란 본디 엇갈리는 것이
정상인지도 모른다

이제 마음을 고요히 하고
그대 가는 길 진달래꽃은
못 뿌려 줄지언정 누구보다
행복하길 바라는 기도는
길바닥 흐드러지게 뿌려 놓겠다

달이 묻는다
"넌 지금 어디까지 떠났니?"
"머리는 백 리 마음은 한 발자국이네"

당신을 떠나는 나날들·9

눈이 온다
눈이 펑펑 쏟아지는 길을 나섰다
오라는 곳도 없는데 무작정 걷는다
버스를 탔다
기억 저편 추억 하나 들고
눈이 오면 가고 싶은 곳
두물머리 강변과 고구마를
구워주던 찻집에 앉아
눈 오는 풍경을 보고 싶다

눈이 오는 날은 포근하다
발이 푹푹 빠지는 길을 걷고 있다
뽀드득거리는 눈의 앙탈을 뒤로하고
창 넓은 찻집 한 귀퉁이를 차지하고
멀리 시선을 보낸다

추억이 무지개처럼 아름다울 수 있는 건
그리움이 가져다준 특혜라고나 할까
추억 길 따라 돌고 도는 중
커다랗고 투박한 잔에 커피가 나오고

당신을 보내고 혼자서 즐기는 여유가
싫지 않다

목적지가 같은 차를 타고
누군가 내릴 것이다
아픈 만큼 더 성숙하고 단단해져
약간의 상처에는 무심히 지나갈 것이다
비워야 채울 수 있고
기다려야 누군가를 만날 것이기에
지금은 나를 위해 정박하고
고요한 시간을 선물할 때 같다

버스가 묻는다
"추운데 왜 안타니?"
"목적지가 같지 않잖아"

당신을 떠나는 나날들·10

실개천 얼음 밑으로
물이 흐르고 있다
버들강아지 눈뜨고
꼬리부터 살랑거린다
춥고 시린 겨울은
봄이 멀리 있지 않다는 것이다
겨울은 봄이 밀어내고
구름은 바람이 밀어내고 있다

슬픔 또한 아팠다면
행복이 이런 감정을
밀어낼 거라 믿는다
그리우면 그리운 대로
외로우면 외로운 대로 흘려보내고
여백에 꽃 한 포기 심으련다

차갑게 식어가는 찻잔처럼
덤덤히 식어가는 눈동자와
여행도 하고
영화도 보고

책도 보면서
내면의 온도를 높여야겠지
사랑만 이쁜 것이 아니다
이별도 격조가 있다
사랑만 단맛이 있는 것이 아니다
이별도 더 숙성된 풍미가 있다

당신을 떠나는 날들이
춤출 일은 아니지만
오래 슬픔에 머물고 싶지도 않다
일상으로 돌아온 한가로움을 즐기고
나만의 시간에 더 투자하여
행복하고자 한다
그대도 행복해야 한다

실개천이 묻는다
"아직 봄은 안 왔는데…"
"기다리지 않아도 봄은 오고
기다려도 못 오는 것들이 있지"

당신을 떠나는 나날들·11

겨울이란 계절에
봄이 불쑥 뛰어든 날
코끝을 간지럽히는 바람에
봄 냄새가 묻어왔다
엿가락처럼 늘어진 시간에
커피 한 잔을 놓고
모처럼 들려오는
아이들 웃음소리를 듣는다

재잘거리는 말소리와
개구쟁이들의 웃음소리가
음악만큼 상큼하다는 걸
생기롭게 느낀다
밤은 내려앉고
바깥은 조용해졌다
산다는 건
새로운 사람을 만나는 일이다
추억을 호출한다는 건
그리움에 젖고 싶기 때문이다

당신도 나도
또 누군가를 만나고
때론 잊은 듯이
때론 미친 듯이
가슴의 파도는 너울져도
아침이면 아무 일 없듯이
일상을 살아갈 것이다

별이 속삭인다
"넌 왜 혼자니"
"혼자가 되고 싶지 않아도
어쩌면 누구나 홀로 가는 길 아닐까?"

당신을 떠나는 나날들·12

삼킬 듯한 무더위도 뒷모습을 보인다
이렇게 무엇이든 끝이 있다
끝나지 않을 것 같은 시련도
반드시 끝은 있다
그러나 끝을 가늠할 수 없는
그중의 하나가 사랑이다
마음은 온전히 내 것이라
어떤 상황에서도 지킬 수 있는 것이
마음이지만
때론 내 마음 하나 지키기 어려운
현실이 불쑥 오기도 한다
신은 절대로 좋은 것만 주지 않는다
시련을 통해 성장하길 바라는
깊은 마음일 수도 있다

"피할 수 없으면 즐겨라"란
말이 있듯이 어차피 온 현실이라면
지혜롭게 지나갈 필요는 있다
누구도 덜 상처받는 길이 되길 바라며

용서를 동반하지 않는 사랑은
깊은 사랑이 아니다
인간은 실수하게 만들어진 피조물이기에
어떤 걸 지키기 위해선 용서를 배워야 한다
그리고 기다릴 줄 알아야 한다
생각할 수 있는 시간을 주고
그런데도 떠난다면 그의 선택에
박수와 응원을 보내야 한다

마음이 묻는다
"넌 아프지 않니?"
"아픈 걸 견디는 게 쉽지는 않지
그러나 사랑은 내가 보내지 않으면
영원한 내 것이고
사람은 잃고 싶지 않아서…"

당신을 떠나는 나날들 · 13

가을은
어디를 둘러봐도 아름답다
누구나 시인이 되는 계절이다
꽃만 아름다운 것이 아니라
잎도 아름답다는 걸
온몸으로 말하고 있다
우린 모두 한 길을 향해 가고 있다
인연의 끝은 시작이고
인연의 시작은 끝이다
온전히 사랑한 사람들을
모두 이곳에 두고
어느 날 홀연히 사라지겠지만
행복하였기에 가볍게 날 수 있을 것이다

추억은 때론 비처럼
때론 안개처럼 적시고
그대 향한 기도는
지문 없는 손가락이 되겠지
생각만으로 가슴 따뜻해지는
나는 저 무수한 별 중의 하나가 되어

안부를 바람에 보낼 것이다
인연의 한끝을 잡고
참으로 즐겁고 행복했노라
그대로 하여
삶이 풍성하고 고왔노라

신이 묻는다
"후회는 없느냐"
"후회보다는 소망이 있어
별 하나에 소망 하나씩 달아 놓을게"

3

엄마도 엄마가 보고 싶다

엄마도 엄마가 보고 싶다·1

첫 아이를 출산하는 날
엄마를 생각했습니다
살이 찢어지고 산통이 진동하는
병원에서 엄마가 보고 싶었습니다
24시간 진통에 시달린 탓인지
아이를 출산하다 혼절하며
희미한 그 순간 엄마를 불렀습니다

내 살을 찢고 나온 아이가
사랑스럽고 귀중하고 예뻐서
젖꼭지를 작은 입에 물리며
엄마가 된 그 순간
엄마가 보고 싶었습니다
신의 사랑이 내게 있음을 안 그때
엄마가 몹시 그리웠습니다

엄마도 이렇게 아프면서
나를 출산했구나 싶어 눈물이 났습니다
이렇게 똥오줌 진자리 마른자리 갈아주며
밤잠을 설치고 젖꼭지 문

입술이 뜨거울 땐 정신없이 병원과
약국 문을 두드렸을 어머니

내게 온 천사를 보며
엄마를 이해하게 되었음도 고백합니다
오월의 꽃향기가 간지럽습니다
엄마에게 안부를 부치는 밤입니다

엄마도 엄마가 보고 싶다 · 2

하늘은 맑고 높았던 가을날
빨간 잠자리는 꽃향기 취해
날개를 접고 잠이 들었습니다

시간은 평온함을 시샘하듯
혼돈으로 치닫고
아이의 몸뚱아리는 얼음물에 담겨
신음이 병실 문을 넘습니다

울음소리는 심장을 찔러
저절로 하나님을 찾았고
무릎을 꿇고 기도를 했습니다

엄마가 되고 보니 엄마가 보입니다
신이 보낸 분이 엄마였구나
기쁘고 슬프고 힘들고 아플 때
염치없게도
엄마도 엄마가 보고 싶습니다

아이가 열도 멈추고

스르르 잠이 들고서야
목까지 찼던 송곳 같은 아픔이 숨을 쉽니다

나보다 더 우선이고
내 심장도 기꺼이 내놓을 수 있는
식지 않는 사랑
내가 저 아이에게 그러하듯이
내 근원의 사랑을 폭포수처럼 쏟아부은 사람은
바로 당신이었군요

어머니
감사합니다
그리고
사랑합니다

엄마도 엄마가 보고 싶다·3

첫걸음에 웃고 손뼉 치고
옹알이를 천재가 아닌가 착각하게 했던 아이가
콧수건 가슴에 매달고 학교 교문을 딛는 순간
그 많은 아이 중 내 아이만 보였습니다
기특하고 이쁘고 자랑스럽고
눈은 아이를 따라다니고
입은 잔소리가 굴러다닙니다

그러다 회초리 든 날
아이 눈에서 수정 같은 눈물이 매달리면
내 눈에선 피눈물이 흘렀습니다
아이가 잠든 밤 종아리를 만져주며
생채기에 소금 뿌린 듯
가슴은 쓰리고 아팠습니다
그러지 말아야 했습니다
꽃으로라도 때리지 말아야 했습니다

자랑스럽게 상장을 쓱 내밀면
앞치마에 손을 닦고 덥석 안아 주시며
나보다 더 기뻐하셨던 어머니

꼭 안아준 엄마의 품은 세상 전부였습니다
편안하고 고요한 쑥향 같기도 하고
분향 같기도 한 향기가 났습니다
그 향기는 오직 엄마에게만 났습니다

무조건 내 편인 엄마
자다가도 "엄마" 부르면
"응" 바로 대답하시는 엄마는
잠들지 않는 뿌리 깊은 소나무 같았습니다
이 세상 어디를 가도 만날 수 없는
그래서 기가 막히고 숨통이 죄어오는
세월을 건너며 그리운 꽃이 돼버린 엄마
엄마도 엄마가 보고 싶습니다

엄마도 엄마가 보고 싶다·4

딸이 남자를 데려왔는데
가슴이 쿵 하고 내려앉습니다
어떤 환경에서 자랐는지
어떤 꿈을 가졌는지
딸을 사랑하는지
세포 하나하나 일어나
더듬이가 되어 더듬고 있습니다

자식을 이기는 부모는 없다더니
엄마가 나에게 지셨듯이
나도 딸의 결혼식을 바라보고 있습니다
파노라마처럼 그 옛날
결혼식 끝나고 난 뒤
노을처럼 붉어진 애잔한 엄마 눈을 봤습니다
강하다고만 여겼던 엄마가
왜 무너져 내렸는지 희미하게나마
오늘에야 알 것 같습니다

평생 동반자와 함께 가는 길을
축복하고 축복하며

떠나는 첫 여행길 손 흔들고 돌아서다
뜨거운 눈물이 동백꽃 떨어지듯
후드득 떨어졌습니다

경사스러운 날
엄마가 옆에 계셨으면
저녁 술상을 차려 두어 잔 나누고 싶습니다
엄마가 없는 부재가 산 같은 구멍이 됩니다
왠지 모를 기쁘고 쓸쓸하고
집이 텅 빈 것 같은 오늘 같은 날
엄마도 엄마가 보고 싶습니다

엄마도 엄마가 보고 싶다·5

강산이 몇 번 변했는지
거울을 보다 깜짝 놀라
멍하니 바라보고 있습니다
거울 속에 엄마가 서 있는 겁니다
아…
어느새 엄마의 모습으로 서 있는 내 모습
절름거리며 쉼 없이 달려온 길
뒤돌아보니 한 가족이 따라서 오고
내 머리엔 서리가 내려앉아 있습니다

고향에 내려가면 엄니를 모시고 목욕탕을 갔지요
폭설을 견디지 못하는 마른 나뭇가지처럼
변해버린 굽은 등과
옆구리 갈빗대가 훤히 보이는 걸
속절없이 바라보고 있노라면 목이 메여 왔습니다
엄니는 그런데도 딸의 손목이 아플까 봐
"이제 됐다, 이제 됐어"
연신 돌아앉으려 했지요

평생 노고를 아끼지 않은 손으로

내 등을 밀어 주셨습니다
엄마에게 맡긴 내 몸은
늘 어린 엄마의 딸이었습니다
구순을 앞에 놓고도
오십을 넘긴 딸을 걱정하며 노심초사하셨지요
엄마가 계셔서 든든했습니다
엄마라고 부를 수 있어서 행복했습니다
제게 엄마로 와 주셔서 고맙습니다
엄마의 부재를 시리게 느끼는 밤
떨어지는 유성 따라 그리움 한 자락이
가슴으로 떨어집니다
엄마도 엄마가 보고 싶습니다

엄마도 엄마가 보고 싶다·6

효도 여행을 떠나 왔습니다
딸이 멀리 외국으로 데려왔습니다
자식에게 외국의 멋진 풍경과
음식 그리고 효도를 받습니다
돌아보니 엄마에게 한 번도 못 해 드린 불효가
가슴에 화산을 만듭니다

가슴에 큰 구멍이 만들어지고
모락모락 피어오르는 회한은
비가 되어 내립니다
여행지에서 들린 카페에
모녀들이 여행 와서 커플 옷을 입고
커피나 망고 빙수를 먹으며
사진 찍는 모습을 보니 목구멍을 막은 듯
숨이 턱 막힙니다

딸과 함께 다니면서
엄마가 보고 싶습니다
무엇이 그리 바빴는지
엄마에게 무심했습니다

자식들에게 눈길을 거두지 않으면서
엄마에겐 눈길을 주지 못했습니다
남들과의 약속을 위해선
목숨처럼 지켜내면서
엄마에게 가는 길은 미루었습니다

치킨을 시키면
다리와 날개는 모두 우리에게 주고
울대와 먹다 남긴 조각 살만 드셔서
그것만 좋아하시는 줄 알았습니다

연탄불에 밥을 하면
보리쌀이 조금 섞인 윗 쌀밥은
우리에게 주고
보리쌀이 더 많이 담긴 밥과
누룽지는 늘 엄마가 드셨습니다
엄마는
그렇게 드시는 것인 줄 알았습니다

엄마가 되니

엄마의 마음을 봅니다
아…
엄마는 늘 내 곁에 있는 줄 알았습니다
세월이 유성처럼 흘러갔어도
참 아픈 시간입니다

엄마도 엄마가 보고 싶습니다

엄마도 엄마가 보고 싶다·7

계절이 엇갈리는 시절에는
사이의 절박함이 있습니다
가버리는 것과
다가오는 것의 변화가 몸살을 합니다

장롱 속의 옷들을 뒤집고
불쑥 얼굴을 내민 엄마의 초라한 옷
사그락사그락 엄마의 향기가 났습니다
옷에 얼굴을 묻고 한나절을
꼼짝도 하지 않고 보냈습니다
해거름 저녁 굴뚝에서 나는
그을음 냄새 같기도 하고
부뚜막에서 김이 모락모락 나는
밥 냄새 같기도 하고
모깃불에서 나는 쑥 향기 같기도 합니다
잊고 지냈던 고향의 향기입니다
빛바랜 사진 속의 엄마처럼
장롱 속의 옷도 빛바래 지나 봅니다

마루 끝에 쪼그려 앉아

복숭아처럼 고운 석양을 바라봅니다
유난히 물컹거리는 복숭아를 좋아하셨던 엄마
쓰디쓴 씀바귀를 맛나다고 하시는
엄마는 거짓말쟁이라고 생각했습니다
뜨거운 물에 몸을 담그며
시원하다고 했습니다
그런 엄마를 이해하기엔 젊었습니다

해가 서산으로 넘어가고
입맛 달아난 요즘 무엇을 먹을지
생각조차 버거울 때 엄마라면
내게 딱 맞는 음식으로 일으켜 세웠을 텐데
아픈 몸뚱어리가 엄마의 손맛을 찾습니다
엄마가 계셨더라면 차려주신 밥상으로
아무 일 없듯이 일어날 것 같은데
염치없게도 엄마가 참 많이 보고 싶습니다

키 작은 꽃들이 피어나는 걸 보며
나도 계절이 되면 피어나는 꽃이 되고 싶습니다
묵묵히 자리를 지키셨던 엄마처럼

나도 뿌리를 박고 세월을 세고 싶습니다
자식들에게 그리운 고향 같은
애틋한 한줄기 보고 싶은 사모의 꽃이
될 수 있다면 무엇을 더 바라겠습니까?
엄마도 엄마가 보고 싶은 깊은 밤입니다

엄마도 엄마가 보고 싶다·8

더위가 채 가시지 않은 담장 너머
해바라기가 고개를 숙이고 도열해 있습니다
장독대 앞 무리 지어
알록달록 봉숭아꽃이 피면
꽃잎을 따다 백반도 넣고 잎사귀도 함께
돌멩이로 곱게 짓이겨
아주까리 잎에 손가락을 실로 꽁꽁 묶어
손톱에 빨간 물을 들여 주셨지요
엄마 다리를 베고 하늘을 보면
무수한 별들이 쏟아질 듯 반짝이고
풀벌레 소리가 조용한 적막을 삼킨
한없이 달달한 평화 바로 그것이었습니다

지금도 엄마가 보고 싶어 손가락에
꽃물을 들입니다
하얀 눈이 내릴 때까지 손톱 끝에
붉은 추억을 담고 있지요
내 손을 잡고 손이 참 예쁘다고 하셨던 엄마
세월을 살아내면서 온전하게
사랑받은 건 엄마한테였습니다

무엇이든 엄마에게
자랑스러운 딸이 되고 싶었지만
그러나 무엇하나 내세울 게 없는
딸이 되고 말았습니다
오히려 걱정만 주렁주렁 달고 살게 하였습니다

삶은 그리 녹록하지 않았고
엄마는 늘 뒷전이었습니다
내 발등 불 끄느라
엄마는 잊고 살았습니다
고작 명절과 생일 정도만
얼굴 내민 불효를 했습니다
신의 사랑으로 헌신하신 당신께
보답은커녕 걱정거리만
한 보따리 안겨준 못난 딸이었습니다
그런데도 문득문득 삐져나오는 가슴속엔
엄마가 삶의 지표가 되었고
덕분에 두발로 굳건히 서서
세 자식을 품어냈습니다

엄마 딸로 태어나
엄마처럼 질긴 굴곡 넘기고
이제 의무 마친 군인마냥
삶의 끄트머리에서
엄마도 엄마가 많이 보고 싶습니다

엄마도 엄마가 보고 싶다·9

감나무에 감이 익었습니다
대추도 튼실하게 익었고
마당엔 아이들이 뛰어다니고 있습니다
산국이며 다알리아 코스모스도 웃고 있고
들녘은 황금빛 벼가 고개를 흔들고
허수아비는 새들과 속이고 있습니다
툇마루엔 햇살이 찾아와 졸고 있고
마루 밑엔 강아지도 스르르 눈을 감습니다

안방 문을 열고 대청으로 나오시던
쪽진머리에 한복을 입은 당신은
이제 기다려도 기다려도 볼 수가 없습니다
모두가 제자리 있는데
꿈속에서라도 보고 싶은 딱 한 사람
그 사람만이 없습니다

머리에 속절없이 서리가 내려앉고
치아가 군데군데 고장이 나고
허리를 펼 때마다 두 번에 나누어 일어나며
무릎에선 시도 때도 없이 곡소리가 나고

일을 보면 겁부터 내는 초라한 노인이 되고서야
어머니 당신이 더욱 사무치게 그립습니다

어머니!
사무치게 그리운 어머니
눈가 짓무르도록 보고 싶은 어머니
목이 터지라 불러보고 싶은 어머니
갓 지은 따뜻한 밥 한번 올리고픈 어머니
사랑한다고 꼭 말하고 싶은 어머니
북망산천 가까워지니 철이드나 봅니다

엄마도 엄마가 보고 싶다는 걸
아이들이 알 때쯤
나도 누군가의 그리움이 될까요
오늘은 시장에 들러
어머니가 좋아하시던
과일이며 꽃 그리고 막걸리 한 병 사다 놓고
추억을 흔들어 사랑을 마셔야겠습니다
별이 질 때까지

4

바다와 나

사랑하는 이여

그토록 벗어나고픈
나의 길은 에움길이었습니다
푸른 새벽을 깨치고
멀어지고자 했던 몸부림은
결국 그대에게 가고자 뒤돌아선
처연한 사랑이었습니다

그대 방문 앞에서 서성인
수없는 발자국은
숨소리조차 감추고
희미하게 흘러나온 등빛에
시린 발을 녹인 화인이 되었습니다

그대가 없는 세상을 가야 하는 나는
아직은 두렵고 슬프지만
뿌연 안개 속을 지나
점점 다가오는 현실은
곧은길을 가슴에 숨기는 일입니다

그대가 있는 이 따뜻한 세상에

내 이름자 하나도 남기지 못하겠지만
부끄럽지 않은 내 사랑만은
사랑하는 이의 가슴 한 귀퉁이
그리운 한 송이 꽃처럼 피어 있으면 좋겠습니다

마지막 다리

당신 보내는 날
다리 끝 앉아서 보았네
구름도 붙어 가고
새들도 따라가고
바람도 뛰어갔지
당신과 함께 모두 동행했어
울고 있는 나만 두고

구름도 돌아오고
바람도 돌아오고
새들도 돌아오고
계절도 돌아왔는데
저 다리를 건너간 사람만이
아직 돌아오지 않았어

애타게 불러도
피멍이 터지도록 가슴을 후벼도
저 다리를 건너간
당신은 오지 않고
나만 홀로 덩그러니 앉아 있네

겹겹이 껴입어도
담요를 바람 샐 틈 없이 둘둘 말아도
속에서 차오르는 이 차가움은
어디서 오는 걸까

붙잡아도 간 사람아
나를 두고 간 사람아
마지막 다리를 걸어간 야속한 사람아
나는 무엇을 어떻게 해야 할까
당신의 파장은 지금도 새처럼 조잘대는데

바다와 나

바다와 가장 가까이 누웠다
나는 바다를 어루만졌다
바다가 웅웅웅 소리를 내며 운다
나도 눈을 감고 운다

나는 슬픔을 얘기하고
바다는 슬픔을 듣는다
나는 모두를 토해내고
바다는 모두를 담아냈다

바다는 왜 이제 왔냐고 묻는다
나는 이제야 멈추었다고 했다

바다는 무한을 얘기하고
나는 유한을 말한다
바다는 사랑을 하고
나는 이별을 한다

바다는 너울춤을 추고
나는 그리움을 그린다

사유의 시간

보름달을 좋아하는 건
모난 성격이나 생각을
둥글게 닮아가고 싶기 때문이다

봄을 기다리는 건
성급히 옷고름을 풀던
꽃잎마저 동사하지 않길 바라기 때문이다

생각을 좁히고 싶은 건
지식을 넓히기보다
관조의 시간을 더 많이 갖기 위함이다

노인의 달관과 관조의 안목을
낡았다 할지라도
생각만큼은 젊어지고 싶기 때문이다

어느 인생에도 사랑과 이별이 있듯
그 지독한 열병과 아픔 속에서
또다시 사랑을 멈추지 않는 건

홀씨처럼 바람에 날리더라도
탄탄한 근력이 붙어 언젠간
사랑이 꽃피길 바라기 때문이다

내 마음에 기대어 사랑하기로 했다

그대를 기다린다는 건
가만히 있는 게 아니다
언약 없는 시간이지만
멈추어 있는 게 기다림이 아니다

그대가 오는 길
나도 걸어가 만나는 것
쉼 없이 그대 향해 걸어가는 것
나의 기다림은 그런 것이다

그대의 마음마저 헤아려 볼
필요조차 없어졌다
이제 내 마음에 기대어
붉고 뜨겁고 잔인한 사랑을 하기로 했다

여정

너에게 가는 길은
처음 가는 길이라
방향을 잃기도 하고
바람 불기도 하고
눈 속에 갇히기도 하네

그런데도
너에게 당도해야
하는 길이기에
오늘도 걷고 있다

그러나
너의 마음 닿기도 전에
빗장 잠근 채
외출하고 없구나
너덜해진 모습으로
돌아서지도 못하고
하염없이 기다리네
곧 무서리는 내릴 텐데

그 사내가 온다면

은빛 햇살이 날름대는 날
날 것처럼 파닥이는 사내를 만나
하루를 영원처럼 사랑하리라

반이 여자고 반이 남자라는 그물에서
하나밖에 없는 목숨 비겁하게 살지 않는
품 넓은 사내를 만나면
내 영혼을 던지리라

잡것이 넘치는 세상에 죽음을
두려워하지 않는 진정한 사내를 만나
세상을 달관한 그의 호흡 속으로 빠져들 수 있다면
지금껏 내가 살아있음을 찬양하리라

한순간도 흐트러지지 않은 사내를 만나
술독에 빠져도 걱정은 태산에 맡기고
내 인생을 몽땅 차용해도 두려움 없이
그 사내와 푸른 새벽을 볼 수 있다면
내가 살아있음을 감사하리라

나를 부르지 마오

누구요
나를 부르는 자가
나는 그대를 모르는데
왜 나를 부르시오

산과 들 그리고 바다
자연과 함께 머무는 곳
이곳이 내 세상인데
어디로 나를 부르는 곳이요

누에고치처럼 아직도
사랑의 실을 뽑고 있고
못다 한 사랑을 위하여
할 일이 많아 걸음이 분주하오

그대가 있는 곳이 궁금하지 않고
보고 싶지도 않소
나는 여기가 좋소
그러니 나를 제발 부르지 마오

그대는 늙어 보았는가

젊은 시절 노인은
처음부터 노인인 줄 알았다
시대 뒤떨어져 말도 통하지 않고
고집불통인 줄 알았다

늙어보니
마음은 늙는 것이 아니고
푸른 바탕에 붉은 심장으로 펄떡이더라

늙으니 좋은 것도 많아
도저히 이해 못해 뒤척인 밤들이
그럴 수도 있겠구나 싶더라

눈길 마음 길 잡으러 애쓰던 사랑도
그것만이 사랑이 아님을 알고
멀리 두고 사랑하는 여유도 있더라

남을 위해 헌신한 날들로
젊음을 보냈지만 이젠 왜 고통스러웠는지 알겠더라

준 만큼 받으려고 했고
담쟁이처럼 기어올라 성취욕을 즐겼지만
다 부질없음을 알겠더라

늙어보니 아주 작고
당연 한 것에 감사하게 되고
행복이 무엇인 줄 알겠더라

새벽이 오면
그 한날을 산다는 것
어둠이 내리면 조용히 나를 관조하는 것

그런 소소한 일상이 행복이란 걸
늙어보니 알겠더라
그래서 나는

마음이 여유로운 지금이 좋다

사노라면

살다 보면 알게 돼
인생은 곧은길이 아님을
즐겁고 행복함을 추구하지만
외로움과 슬픔도 삶이란 걸

때론 아픔마저 사랑해야 하고
고통도 삶의 일부란 걸 알게 되지
비와 바람과 태양을 견디고 꽃이 피었듯이
인생 역시 얼룩져도 빛날 수 있음을 알게 돼

채우는 것이 우선이 아니라
비움을 더 많이 해야 채울 수 있다는 것을
누가 알려주지 않아도 알게 돼
행복을 찾아가는 길도 내 안에 있다는 걸

아
이젠 병마저 사랑해야 한다는 걸 알았어

나 이렇게 늙어가고 싶어

봄이 되면
하늘거리는 원피스 입고
자전거 타고 바람 가르며
아지랑이 따라 한없이 달리고 싶어

봄따라 피어나는 꽃처럼
내 마음도 사랑으로 물들면 좋겠어
만나는 사람마다 넘치는 사랑
듬뿍 나누어 줄 수 있게

여름 오면 모시 적삼 입고
난도 치고 글 꽃도 피우며
묵향에 푹 젖고 싶어
시객들 모여 풍류 즐기면
나는 말없이 주안상 차릴 거야

여름이면 익어가는
청포도처럼 농익은 향기가
나에게 났으면 좋겠어
우울한 사람들에게

코끝 간지럽혀
마음 곧게 세워주고 싶어

가을이면 등산복 입고
기차 여행을 떠나고 싶어
풍경 소리 들리는 고즈넉한 산사와
산 내음 물씬 풍기는
오색 단풍 속에 묻혀
갈잎의 속삭임과
산의 울림 가슴 가득 담고 싶어

가을엔 책 속에 묻혀
한 달쯤 먹는 것도 잊은 채
두문불출하며 살면 좋겠어
그러다 활자들이 살아 돌아온 날은
부둥켜안고 춤을 출 거야

겨울엔 긴 코트에
캐시미어 빨간 목도리를 두르고
따뜻한 난로가 있는

향 좋은 찻집을 가고 싶어
넓은 창을 가진 찻집에 앉아
소복이 쌓여가는 하얀 눈을
원 없이 바라보고 싶거든

사랑하는 사람의 검은 눈을 바라보며
그 눈 속에 나도 담기고 싶어
잔잔히 흐르는 샘물처럼
입가에 미소가
평생 떠나지 않길 기도할 거야

젊었을 때 조급한 걸
이젠 느긋한 느림의 미학으로
나만 생각했다면
우리를 바라보는 행복으로
바라는 사랑 원했다면
이젠 주는 사랑의 기쁨으로
편협한 생각들은
다름을 인정하는 너그러움으로

나 이렇게 늙어가고 싶어

기다림

눈뜨면 어제 오지 않았던
소식을 기다렸고
소포처럼 누군가의 손에
잡혀서라도 내게 오길 기다렸지

허망한 것인 줄 알면서
애써 외면하고픈
이 얄미운 심보가 곧 터질 듯
부풀어 오른 씨방이 되었지

기다림에 지치면
홀씨되어
척박한 땅에 나를 묻을 거야
긴 기다림은 또 계속되겠지

보이는 건
만질 수 있어 좋고
걷는 건
찾아갈 수 있어 좋겠지만

기다리는 건
시작도 끝도 내가 맺음을 해서 좋고
그리워하는 건
염치를 구하지 않아서 좋았어

오늘도
먼 곳에서 들리는 방울 소리와
창문을 노크할 바람과
소리 없이 곁에 와 줄 소식을
문풍지가 가늘게 떨릴 때마다
가슴에 푸른빛이 와락 안겨 오지만
돌아눕는 긴 그림자

봄이 오면
기다림의 언덕에
붉은 양귀비꽃 한 송이 피겠지

봄날은 간다

너를 사랑한 날들이
일곱 빛깔 무지개처럼 아름다웠고
짧은 사랑으로 신열이 났으며
지금도 너에게 향하는
마지막 기차 앞에서
기차표만 만지작거리며
창밖이 훤히 밝아와도 올라타지 못한 채
망설임은 계속되고 있다

돌아보니 사랑은 나만한 게 아니었다
평생 받을 사랑 몽땅 받아 놓았음을
세월이 알려 주었다
아픈 시간은 달려나갔고
그리움은 늘 뒤에 오는 것이라
블랙홀에 갇혀 이성을 잃었던 세월

직진밖에 몰랐던 청춘이여
겁 없던 푸른 시절이여
하얀 원피스 팔랑이는 바람이여
머리칼에 스며든 재스민 향기처럼

고독한 젊음마저 특권이었다

봄꽃은 가볍다
일렁이는 바람에도 풍장을 한다
내 봄날도 이렇게 가고 있다
사랑했으므로 아파 본 그 소중한 경험마저
나의 봄날 속에 라일락 향기로 피어 있고
가끔 한 개 담배 길이만큼
섬진강 유유히 흐르는 유속만큼
그리워할지도 모르겠다

5

겨울과 겨울 사이

허름한 찻집에서

가을 햇빛 고와 나선 길
길가에 놓인 탁자 위로
햇살이 눈부시게 빛나고 있다
흰머리의 할머니와 구부정한
할아버지 노인 두 분이
국수 한 그릇과 막걸리 한 사발 들고
누군가 부르는 모습이 정겹다

트럭 한 대에다 탁자 몇 개 놓고
이름 없는 가수가 차와 몇 가지 팔고 있다
작고 손때 묻은 탁자에 앉아
커피 한 잔씩 시켜놓고
우리는 시를 얘기하고 사랑을 얘기한다

이제야 보이기 시작한 노인들
공원을 걷다가도 손잡고 걷는
노부부를 본다거나
불편한 몸으로 운동하는 사람
벤치에 앉아 서로를 바라보는
눈길에 애잔함이 묻어나는 부부

조금은 부럽고
조금은 존경하는 마음이 절로 생기는 걸 보면
나도 그 언저리 어디에 있기 때문이리라

천천히 공원을 산책하며
여유로운 풍경과 사람들
평화롭게 노니는 새와 구름
햇살 가득 담고 귀가 쫑긋 할 정도로 잘 부르는
뮤지션 앞에선 몇 곡을 공짜로 들었다
눈이 즐겁고 귀가 즐거운 시간을 뒤로하고
치맥으로 목을 축인다
허름한 찻집에도 사랑이 피어나고
웃음과 정이 오간다
밖에 나오니
어둑어둑 밤 길이다

슬픔

사랑 하면
온통 기쁨만 있고
웃음과 행복만 있다고 믿었지
푸른 초원에 오색 무지개만 보였어

사랑 하면서
그보다 더 깊은 슬픔이 있다는 걸 알았어
목마른 갈증과 아픈 가슴은
시도 때도 없이 불쑥 찾아와
목놓아 울게 했어

사랑할수록 외로워지는 건
사랑은 늘 고통을 동반하는 건가 봐
아픔 없는 사랑은 없을까
아아 이제
슬픔은 가고 사랑만 남아라

그대가 없으면 나도 없다

사랑은 짧고 이별은 길다지만
이별도 어렵고 만나기도 어려운 질곡 속에
그대를 만나 새색시 옷고름 풀 듯 속살을 보이고
훈풍에 꽃봉오리 활짝 피기도 전
냉설에 놀라 꽃잎 접고 매달린 가슴

그대가 햇빛이었고 나는 꽃이었다
그대가 바람이었고 나는 술래였다
그대가 나비였고 나는 풀밭이었다
그대가 봄비였고 나는 흙이었다

누에는 죽기 직전에야 실 뽑기를 멈춘다
그대 향한 사랑도 그렇다
그대가 없으면 나도 없기에
어디에 있든 그대가 행복하길 바라지만
그런 날은 속절없이 목이 멘다

해는 서산에 걸렸고
남은 시간은 기껏해야 한 뼘이거늘
생각과 행동의 교집합은 멀고

그대 얼굴에 검버섯 피듯
통한의 울음소리 길게
감빛 노을처럼 번진다

마당에서

햇빛이 울타리를 치고
검은 고양이 놀다 간
반쯤 어둠이 내린 시각
잔디는 씨를 몰고 다니고
양귀비는 붉은 사랑을 토합니다

담 옆 한쪽 할미꽃은
산발한 흰머리 풀어헤쳐 바람과 노닐고
양귀비 꽃잎보다 더 붉고
절박하고 염치없이 활활 타는 그리움은
눈에서 멀어진 그대를 붙잡기 위해
애처롭기까지 한 치열한 몸부림을
그저 그냥이라고 말합니다

참 아픈 말입니다
그냥이라는 말을 듣는 그대가
절박한 그 마음까지도 알아주면 좋겠습니다

물기를 머금고 묵직하게 온 바람은
양귀비꽃에 앉았다가 살며시 다가간

손끝이 닿기도 전 화들짝 도망을 갑니다
꽃잎은 심하게 흔들며 통증을 호소하고
바람은 키 작은 라벤다 꽃잎에 숨어 버렸습니다
꽃밭의 작은 소란은 쉬이 멎지 않고
사랑놀이 중입니다

그대로부터 발원된 사랑은 흘러
범람하게 된 지금까지 쓰리고 아픈
긴 이별이 흐르는 마당에는
어둠의 장막이 소리없이 내립니다

가을과 겨울 사이

가을과 겨울 사이로
바람이 불면
벌목 당한 기억들이 쌓여
한 시절 집을 짓고
만국기 휘날리는 소리가 들린다

황금빛 가을은
상처 입은 오동잎과 후박나무
이파리를 뚝뚝 떨구며
뒷모습을 보이고

겨울은
무서리를 앞세워
고개 든 모든 것을
인고의 산실로 안내하고
텅 빈 들녘에 날선 바람을 세운다

멈추지 않는 강물처럼
가을과 겨울이 비켜 가며
서로를 다독이며
손을 흔든다

딸의 손을 잡고

온 세상 둘러봐도
오늘만큼은 네가 주인공이고
제일 어여쁘구나
하얀 드레스가 눈부셔
내 딸인지 잠시 잊고 바라보았다

딸아
내게 선물처럼 사랑으로 와서
오늘까지 행복을 주었고
살아가는 방향을 알게 했고
내 삶을 온통 기쁨과 감사로 넘치게 했다
너의 작은 몸짓 하나에도 나는
웃고 울고 하는 삐에로가 되었다

네가 선택한 사랑하는 사람과
동반하여 가는 길이기에
축복과 사랑이 샘솟고
어여쁜 꽃길이길 바란다

때론 넘어지고

때론 아프기도 한 인생길이지만
누구도 피해갈 수 없는 상황이라면
사랑하는 사람 손 꼭 잡고
슬기롭고 현명하고 외롭지 않은 길
행진하길 바라며
더 주지 못한 것이 미안한 부모의 마음
카펫으로 깔아 놓을 테니
웃음 잃지 않길 바란다

딸아
이제 너의 손을 잡고
거룩한 행진을 하려고 한다
딸과 함께한 세월이 기쁨이었고
행복이었다
그리고
사랑하고 사랑한다

어머님 전상서

유난히 더운 여름입니다
초복 지나 말복을 눈앞에 두고도
비를 본 적이 없으니
징그럽게 태양은 뜨겁고
대지는 용광로가 되었습니다

어머니
올여름은 더욱 더
어머니가 그립습니다
생과 사를 오가는 길목에선
사무치는 그리움으로 어머니를 불렀고
입맛을 잃은 탓일까요
또 어머니를 그리워합니다

어머니
이렇듯 내 아픔과 슬픔이
교차하는 시점에선
늘 어머니가 생각납니다
한없는 사랑
끝없는 사랑
나의 생명의 근원인 감로수가

바로 어머니이기에

어머니
기쁘고 신나고 좋을 때는
밀쳐둔 어머니가
아프고 힘들고 어려울 때
보고 싶고 그립고 애타게
찾는 연유는 뭐랍니까
이렇듯 당신에게는 늘
이기적인 자식입니다

어머니
어머니가 되고 보니
어머니의 마음을 알겠습니다
밥은 먹고 다니는지
아프다는 소리만 들려도
가슴은 철렁이고
온다는 전화 한 통화에
마음은 십리 밖을 서성이며
떠나는 차 꽁무니 사라질 때까지
바라보는 그 마음

아낌없이 주고도
더 줄 게 없는지 돌아보는 마음

어머니
어머니가 주신 그 사랑 덕분에
오늘을 살고 힘을 냅니다
갚을 길 없는 은혜지만
그저 자식을 키워내는 그것으로
어머니 앞에 섭니다

어머니
귀뚜라미 울고
벼가 익고 가을이 오겠지요
그 길 따라 어머니도 오세요
꼭 한 번만이라도
꼭 하루만이라도
무엇이든 당신을 위해
온전한 자식이 되고 싶습니다
많이 보고 싶습니다
어머니 사랑합니다

기다림

꼬까옷 계집아이는
나무하러 가신 엄니를 기다렸고
돈 벌러 가셨다는 아비를 기다렸다

단발머리 소녀는
아비는 기다려도 안 오신다는 걸
알게 되었고
어미는 속절없이 손마디가 굵어진다는 걸
알게 되었다

긴 머리 아가씨는
가슴 설레고 두근거리게 하는
남자를 기다렸고
태어난 새끼들의 성장을 기다렸다

검은 머리 여자는
불어나는 숫자의 가족을 기다렸고
세월의 길이가 긴 만큼
담아야 하는 마음 그릇에
지혜가 더 하길 바라는 세월을 기다렸다

흰머리 할머니는
문설주에 기대 아침 햇살을 기다리고
마루에 걸터앉아
붉은 석양을 기다린다

오늘
아침 시간을 마주하고
만나는 인연에 두 손 모아 감사하며
오랜 기다림은
끝낼 수 없는 사랑임을 알기 위한
숙성의 시간이었나 보다

유혹

너
유혹하는 거 맞지
내 마음 훔치고 좋아서 웃는 거 맞지
길섶 노런 장미에 마음 뺏기고
돌아서며 괜히 시비를 건다

소망

하늘은
구름이 있어 예쁘고
인생은
고난이 있어 빛난다
사랑은
용서가 있어 깊어지고
당신은
존재만으로 기쁨이다

하늘에 소망을 두고
붉은 노을을
당신 눈에서 보고 싶다

황혼 사랑

푸른 시절 지나
익은 사랑으로 와
동행 길 나섰네

서로 부추겨
걸음 폭 맞춘
느린 길 위로 석양 저물고

달과 별 하나된
하늘 닮은 미소
그냥 있어도

곱고 시린 아픈 사랑

어느 날

운명 같은 사랑은
별과 별이 부딪치듯이
차와 차가 부딪치듯이
마음과 마음이 부딪쳐
교통사고 나듯
어느 날
선물처럼 오는 것

이미 당신은

제법 찬 기운이 옷깃을 여미게 합니다
가을은 뒷모습을 보이고
겨울은 방문 앞에 앉아 있네요
시린 날씨가 연속되어도
가슴이 따뜻한 건
당신이 있기 때문입니다
당신을 만난 건 기적입니다

찬서리 맞고도
자북 자북한 국화꽃이
영혼을 설레게 하듯이
당신에게서 나는 향은
서리맞고 피어있는 국화 향을 닮았습니다
이미 행복을 주었고
당신 없는 날에도
그리움 하나로 오래 견딜 것입니다

사랑은
피고 지고 하겠지만
보물창고 가득한 그리움은

한결같이 보석으로 있을 테니까요
사랑이야
오고 가겠지만
그리움은
그 자리 있을 테니까요
이미 당신은
오색 무지개가 되어
내 가슴에 숨쉬고 있습니다

낡은 서랍을 열고

긴 숨 고르고
아비는 그렇게 세월을 그려냈다
전쟁 때 아들이 전사한 통지서가
서랍 속에서 아비와 함께 바래가고 있다

마음에 구멍 숭숭 난 날엔
한탄강 어귀에 퍼질러 앉아
가슴에 퍼런 멍이 들도록
손 방망이질을 했다

낮이면 목선을 타고
장성처럼 그물을 던졌다

탄피 조각이라도 걸린 날엔
아비의 가슴으로 검은새가 날아들고
삭히지 못한 애틋한 그리움
꾸역꾸역 가시를 뽑고 있다

서랍 속 시간을 놓친 얼굴은
여전히 웃고 있고
마주 보는 아비의 주름진 눈에선
붉은 동백꽃이 소리없이 낙화하고 있다

아름다운 눈물은

대지의 신
어머니의 신 가이아
혼돈의 카오스를 열고 천지를 낳았고
바다를 낳아 생명을 잉태하였다
인간은
두 팔을 달라고 했다
기꺼이 두 팔을 준 끝없는 사랑

가이아 신은
태초에 사랑이었다
신과 어머니는 하나의 사랑이다
삭막해 가는 대지
사랑을 소멸해 가는 인간을 위해
가이아의 눈물은
윤슬처럼 영롱한 빛으로
사람의 가슴에 사랑을 붓는다

어머니
신이 보낸 또 다른 이름
부르다 부르다

끝내 통곡할 사모곡
어머니
어머니

- 박수복 화백의 「가이야 작가노트」 중에서

박수복 화백은

　어머니란 모성적 물성을 연구하고 수많은 실험적 작품을 통해 평면적 작업을 원목 고재를 통해 입체성을 구현하고 자연주의 사상을 바탕으로 한 인간의 모성적 감성과 대지의 신 가이아를 통해 어머니란 영원성을 나무의 생명성과 연결지어 화각이란 독창적인 실험을 통한 작가의 대표작품이다.

　특히 이번 작품은 동서고금을 막론하고 어머니라는 상징적 인물의 공간인 부엌문과 관련된 소재들을 통해 토미즘적이고 토테미즘적인 사상을 엿볼 수 있으며 고재들 속에 작품의 물성을 찾고 인간도 자연의 일부인 자타 불이란 하나의 법칙을 통해 어머니의 사랑을 샤머니즘적인 기도로 승화하여 영원불멸의 인간의 사랑을 표현되어 고뇌한 흔적들이 너무나 강한 충격을 주고 있는 박수복 화백의 세계적인 걸작품들이다.

작품평 · 양경숙, 작품감수 · 일화 김용두

양경숙 시집
엄마도 엄마가 보고 싶다

2020년 1월 25일 초판 인쇄
2020년 1월 30일 초판 발행

지은이 / 양경숙

발행인 / 강병욱
발행처 / 도서출판 교음사

03147 서울 종로구 삼일대로 457 수운회관 1308호
Tel (02) 737-7081, 739-7879(Fax)
e-mail / gyoeum@daum.net
등록 / 제2007-00052호

* 잘못된 책은 바꾸어 드립니다.   값 13,000 원

ISBN 978-89-7814-769-9   03810

이 도서의 국립중앙도서관 출판예정도서목록(CIP)은 서지정보유통지원시스템 홈페이지
(http://seoji.nl.go.kr)와 국가자료공동목록시스템(http://www.nl.go.kr/kolisnet)에서
이용하실 수 있습니다. (CIP제어번호 : CIP2020002225)